JN204690

白いシャツは、白髪になるまで待って

光野桃

幻冬舎

白いシャツは、
白髪になるまで待って

できないことを許し、できることを楽しみ尽くす

六十代になって、びっくりするほどおしゃれが自由に、楽しくなった。

身体は枯れ、心身ともに余分なものが落ちたせいか、苦手だったスポーティなスタイルが心地よくなり、人生初の白い服にも挑戦した。手に取るものすべてに発見があり、まさに未知との遭遇である。

二十代、三十代は人の目が気になった。四十代、五十代は身体と心、家族と仕事の変化に揺れた。けれどいま、ごく自然に、台風が過ぎ去った後のような晴れ晴れとした青空が、わたしの中に広がっている。

もちろん、いいことばかりではない。腕が上がらず後ろ開きの服は着られないし、腰痛で颯爽《さっそう》と歩けない日は気持ちも萎える。けれど、そんな弱さを知るのもまた妙味がある。工夫が生まれ、ひと様の優しさが身に染みる。

できないことはすぐ許す。執着しない。できることはとことん楽しみ、味わい尽くす。無駄なことに悩まないから、若いときよりパワーがある。髪もベリーショートにした。それでわかったことがあった。若く見えることにしがみついているうちは、若者チームの最年長だが、それをきっぱり振り切ると、大人チームの一年生。冒険しつつ成熟を目指すフレッシュな人生が待っている。

この心境を、毎日使える八十のおしゃれのヒントに託して、あなたに手渡そう。

まだまだ先は長い。知らなかった自分の美しさに出会う旅は、始まったばかりなのだ。

目次

肌が震えるほどの質感を味わう

デザインより質感優先。似合うものがわからなくなったら、そう発想を切り替える。まず、肌が震えるほどの心地よい質感を体験してみよう。

たとえば、真夏以外はカシミアを着る。その下には、オーガニックコットンのタンクトップやインナーTシャツ。暑くなったら、さっぱりと、肌にまといつかない目のつんだ麻。秋から冬は上等のウールで手編みされたソックス――。質のいい物は安価ではないけれど、数はいらない。各シーズン、二枚でいい。

好きな素材の大判ストールが見つかったら、一年中使おう。肩に巻くだけではなく、ただ手に持つだけでアクセントになるし、手肌に心地よさをいつも感じていられる。カシミアのストールなら外出するときだけではもったいない。ベッドに持ち込み、なめらかな肌触りの中に裸で巻き込まれる瞬間の解放感を味わっても、罰はあたらないだろう。

気に入った質感を肌に覚えさせ、肌が深く息づくのを感じてみる。軽く、優しく、やわらかい。そんな質感の快楽こそ、いまわたしたちに必要な、おしゃれの醍醐味《だいごみ》なのだ。

長財布を持たない日

長財布を持たない日をつくろう。

心を解き放つのは、拡大することではなく、小回りの利くサイズの暮らしを、知恵と工夫で楽しむことだ。

財布を持たずに散歩に出かける。千円札とコインを一枚ポケットに入れて。

軽やかに編まれたニットのポシェットには花を挿して歩こう。

ドカ荷物を入れている大きなバッグの底を浚《さら》おう。あなたはもう、そんなに荷物を持って移動せずとも大丈夫だから。

軽やかなバッグに、読みさしの本とカードだけ入れて風に吹かれる。
そんなたたずまいの似合うひとになろう。

着回しをやめる

世界で活躍する男性ファッション・デザイナーの服装に憧れる。皆、いつでも同じ格好をしているからだ。

アルマーニしかり、ドリス・ヴァン・ノッテンしかり、トム・フォードしかり。彼らはまるで自分自身の制服のように、ネイビーか黒のジャケット、白のシャツかTシャツ、ネイビーか黒のスラックス、デニム、シンプルな靴といったいでたちで登場する。

もちろん、素材もパターンも少しずつは変えているのだろうけれど、概《おおむ》ね印象は十年一日のごとく。それがとても格好よく、心地よさそうに感じられる。もっとも動きやすく、見た目もうるさくなく、でもきちんと見せてくれる服、皮膚のように馴染《なじ》んだ着こなしを確立しているということは、おしゃれの抱えるさまざまな「心配事」から解放され、やるべきことに集中するための、プロの身支度だ。

その反対が「着回し」だろうか。もちろん着回す必要性も楽しみもある。しかし、寄せては返す波のように着回していても、結局最後は何も残らないのではないだろうか。実際、たくさんのコーディネイトが可能な服はそう多くないし、あるとしたら、結局、何ともコーディネイトできない中途半端な服なのかもしれない。

コーディネイトする必要のない、土台だけ、のようなスタイル。それは時間とともに馴染み、皮膚のように自然に、あなたに寄り添うだろう。

服を決めて、着続ける

「どんな豪華な衣装でも、ぴったり身についてふだん着のように見えればしめたもの。そういうことを『着こなし』というのです」

これは、以前訪れた「白洲正子ときもの」特別展のチラシに掲載されていた言葉。

まさにその通り、これ以上でも以下でもなく、どんぴしゃの言葉だ。

もちろんこれは、着物の着こなしについて語られているのだけれど、洋服にも同じことが言える。この反対が「おしきせ」で、着るものがそのひとから浮いてしまっていることを指す。まるで借り物の服を着ているかのように。

結局のところ「似合う」の真髄は、服に目がいかない、ということに尽きる。

なにを着ているか、ということに注意が向かないほど、そのひと自身に惹きつけられる。それが本当に「似合っている」状態。服が、その仕事を十全に果たし、ひとそのものが魅力的に見えているということだ。

そのためには、服を決めて着続けること。最初は少し背伸びかな、と思う服でも、いつしか距離が縮まってくる。服と着るひとの力関係で、服に軍配が上がっているうちは「似合う」効果はまだ出ていない。

着て、動いて、ひとに会って、普段の顔でいる。涼しくいる。

そのとき「似合う」はオーラとなり、全身から放たれる。

「自信がない」は自信への最短距離

おしゃれに自信がない、と感じるとき。そんなときが、一番おしゃれが育つチャンス。なぜなら、あなたの客観性が発動されているときだから。他者を見て、分析的な判断ができる――だからこそ、自分のおしゃれがいまひとつだと感じるのだ。

そんなときは、セオリーを外に求めない。雑誌やSNSは閉じてしまおう。おしゃれは流行やセンスだけでつくられているわけではない。もっと個人的な、自分にしかない物語をまとってみたらどうだろう。物語のある服やアクセサリーが、気持ちよく映えるように工夫する。

ひとは、生きてきた背景や道程も同時に「着て」いる。それなくしてはただのマネキン人形にすぎない。

まずはひとつ、自分がずっと大切にして、慈しんできたものを身につけてみよう。そこから広がる感覚を、静かに味わってみよう。子どもの頃、なりたかった女性像を思い出してみるのもいい。たとえばわたしはバロックパールのピアスを原点にしている。それが似合ううちはとりあえず大丈夫、と思い、でも似合わなくなるときがきたら、次の扉が開くときと、楽しみにしてもいる。原点は消滅しない。形を変えておしゃれの血肉となり、先へ進む背中を押してくれる。

「自信がない」という思いを抱いたときが変わるとき、おしゃれが前進する転機なのだ。

パンプスは甲で履く

パンプスはなんのために履くのか、という問いに、イラストレーターの長沢節は「細長い甲を優美に見せるため」と書いた。

パンプスをきれいに履くのはなかなか難しいと思っていたが、ポイントは甲だったのだ。そこは年齢が出やすい場所、しかも盲点でもある。

足裏から指までよくマッサージしてむくみを取ったり、外反母趾《がいはんぼし》を直したりすることで、すんなりした美しい甲を手に入れよう。そして、透明感のある薄いストッキングか素足に、甲がほっそりと長く見える、足にぴたりと吸い付くようなパンプスを選んだら、もうそれだけでエレガンスが薫る。

歳を重ねるとついゆるめの靴を選びそうになるが、パンプスには御《ご》法度《はっと》だ。自分の一足が見つかるまで、根気よく探したい。

白いシャツは、白髪になるまで待って

「白いシャツの似合ういい女」伝説がある。わたしが二十代の頃から今日にいたるまで、もう四十年くらい続いている根強いおしゃれ伝説だ。

なぜ伝説かというと、実際にそういうひとをほとんど見たことがないから。特に、トラッドな、男性が着るようなベーシックなシャツを着て、素敵だと感じるひとにはなかなか出会えない。そういうシャツはもはや記号と化しているから、多少似合っていても「そういう女に見せたいわけね」と意地悪な視点で見られてしまうという難点もある。

なぜわたしたちは、白いシャツの似合う女にそれほどまでも憧れ続けるのだろうか。

この伝説には「飾り立てないのにゴージャス」「マニッシュで粋である」というふたつの価値観が隠されている。それは、長きにわたるわれわれ日本人のおしゃれコンプレックスそのものだ。

白シャツには「似合い時《どき》」があるように思う。コリッと骨っぽく、肩のラインにも肉を感じさせない若者か、余分な肉が削げ落ちて肌も枯れ、欲も見栄も薄くなり、ゆったりと人生を楽しんでいる笑顔のきれいな老婦人か、そのどちらかがもっとも似合うのではないだろうか。

白髪のひとが、明るくクリアな色のストールやアクセサリーとともに着こなす白シャツ。これから憧れられる、大人スタイルの代表になり得ると思う。

デニムを死ぬまで着る

歳を重ねたひとのデニムとして、ピシッと張りのある生地とデザインを選びたい。たとえば、ハイウエストでややワイドなシルエットのもの。脚と生地の間にゆとりがあり、足の形を感じさせないもの。ダメージや褪《あ》せた色は避け、こっくりと濃いインディゴブルーを、いつも新品のような感じで着る。

ワイドパンツを穿《は》くときは、コートと合わせると着こなしやすい。気になるヒップやウエストがカバーされるし、コートの裾から覗くパンツの分量が少なめだから失敗がない。そして、縦のシルエットを自然につくることができる。

トレンチコートや麻のスプリングコートとデニムは相性がいい。スタンダードなコートの「真面目」さを、ホッと息抜きさせてくれる。だから、質のいいアウターと組み合わせてこそ生きるわけで、若い頃のカジュアルなデニムとは役割が違う。もはや「難しいおしゃれ」の範疇《はんちゅう》に入るのだと思う。

着こなしが難しくても流行に左右されても、デニムはやっぱり手放せない。いくつまで着るかと問われたら、死ぬまで、と答えたい。デニムが似合う条件は、健やかであること。

身も心も、死ぬまでデニムでおしゃれ筋を鍛えよう。

ダウンコートを着ない冬

おしゃれだな、と思うひとたちに共通なのが、ダウンコートを街で着ないということ。

ダウンは防寒には最強だが、着ぶくれ感はいなめず、みんな同じに見えて自分らしさを出しにくいからだ。

特に、大人の女を生かすデザインのダウン、というのがいまだ見つからない。見せたくないところをカバーし、魅力を引き出すダウンはないものか、と思うが難しい。元々がスポーツアイテムだから、妙にデザインされたものもいやだし、かといってスポーツ観戦スタイルにもなりたくない。

ダウンを着ると、もっこりとしたシルエットの上に顔がのる。唯一、個を感じさせる部分なのに、その顔の表情までもが消されてしまうのはなぜだろう。特によくないのが、ピンクベージュっぽい色。みな同じようなだるまさんに見えてしまうのだ。

厳寒の季節に、ダウンに代わるよい方法はあるだろうか。

ひとつは風を通さない素材でできたキルティングのジャケットやロングベストを着ること。ロングベストはコートの下に仕込んでも袖が分厚くならないのですっきり見えて、温かい。長袖のインナーダウンの上にオーガニックファーなどのベストを重ねる方法もありだ。

どうしてもダウンが必要なときは、薄手の春物ダウンをおすすめしたい。秋の始まりから春先まで着ることができるうえ、小さく畳んで袋に入れて収納できるものも多く、バッグの中に入れておけば、突然の天候の変化にも恐いものなしだ。

迷ったときはワードローブ整理

好きだと思っていたものが変わってくる。何が好きなのか、わからなくなってくる。おしゃれ停滞期によくあるそんな症状を解決するのが、ワードローブ整理。そこには「好み」の原点が眠っている。

六十年以上生きてきて思うことは、ひとの好みの原点はそうそう変わらない、ということ。違うタイプの服も着たくなるし、別人のようになってみたくなることもあるけれど、それはあくまで気移りであり、気分転換や心機一転のためのオプションにすぎない。

変わらないものと変わるもの。それらの両方をワードローブで眺め、仕分けしながら、自分が好きな「テイスト」の原点を確認しよう。
好きの根っこはずっとここまで続いてきた。これからも、その地続きに延びていく。

「おしゃれ休暇」でおしゃれが育つ

人生の中で、おしゃれができなくなるとき、それは突然やって来る。妊娠したとき、子育て真っ盛りのとき、介護中、もちろん自分自身の体調や気持ちがふさいでしまう更年期も。それを「おしゃれ休暇」と名付けてみた。

休暇中に、しかし得るものは意外にもたくさんある。わたしは足が不自由になり、いままで手に取ったことのなかったスニーカーを日常的におしゃれとして履くようになった。

いろいろなスタイルを試す気力がないから、ひとつかふたつ、これと決めたフルコーディネイトを着続ける。すると、それが身について馴染み、いつも安心していられるようになる。

似合うものをプラスするのではなく、似合わないものを選り分けて削除するから、ワードローブにゆとりができる。

そんな「おしゃ休」中は、なにかひとつだけ、こだわりアイテムを持とう。小さなピアスを必ずつけるとか、手の爪は短くしてなにも塗らなくてもペディキュアだけは赤にこだわるとか、ジャージしか着られなくてもエプロンを本藍染めやグラニープリントなど、ちょっと凝ったものに変えるとか、カシミアシルクのソックスを履くとか……。

ささやかでも心が浮き立つことをひとつ残しておくと、そこから次のおしゃれの扉が開く。苦しんだ分、ひと回り成熟したあなたは、次のレベルのおしゃれと出会う。

「調理しやすい」ワードローブ

服の数は少なく、すべての服が無駄なくローテーションされている
↓素材を無駄なく使い切る。

ワードローブを開けたとき、ひと目で見渡すことができる↓冷蔵庫整理と同じ。

そして「失敗なし」のコーディネイトが三体くらい、ゆったり間隔をあけて並んでいる↓材料ごとの仕分けと同じ。

これが理想のワードローブ。

よく使うネックレスやストール、バッグは、それぞれの引き出ししか

ら取り出し、ハンガーにかける。インナーのキャミソールやストッキング、タイツ、ソックスなども、重ねて収納してある下着の引き出しから出して、それぞれハンガーにかける。

　こうするとひと目で組み合わせるべきものがわかるし、あっちの引き出し、こっちの収納と動かずに、同じ姿勢で手早く身につけられ、時短と、安心感が得られる。

　ワードローブはキッチンと同じ。調理するための余白スペースをできる限り取り、道具は取り出しやすくシンプルにセット。タッパーや調味料入れのように、すべてのハンガーを統一すると、さらに見やすく、美しい。

自分のシルエットバランスを知る

失敗なしのワードローブをつくるために、自分に似合うシルエットを知っておくといいと思う。

わたしたちには着物文化のDNAが根強くあって、服を平面的に見る癖があるのだが、服は基本が筒。つまりシルエットでできている。だから、自分に似合い、かつ気持ちのいいシルエットを揃えておけば、おおよその失敗は避けられる。難しいことはない。長方形と三角のバランスですべての組み合わせができる。

たとえばわたしは、トップもボトムも長方形。プルオーバーからジャケット、ブラウスまで、ウエストマークをしないロング丈のトップスが定番なので、それが上の長方形。ボトムは九割がパンツ、スカートならタイトのマキシスカートしか穿かないので、それがボトムの長方形。ふたつの長方形の組み合わせがわたしのシルエットバランスである。

短い細身の長方形に、膝丈の台形スカートが似合うなら、これは三角形。ゆったりとしたテントラインのトップスに、細いパンツや長めのタイトスカートが合うひとは三角形と長方形の組み合わせ。テントシルエットのトップスに、長いギャザースカートなら三角と三角の組み合わせになる。

この基本シルエットに加えて、似合う襟開きと袖丈を加えたものが、自分の黄金バランス。シルエットバランスはかなり基本的なもので、大幅に体形が変わらない限り、頻繁に更新しなくても大丈夫。ワードローブを見直すとき、この視点を使ってみてほしい。

「好き」だけで選んでみる

ものを選ぶとき、好きなものしか買わない。妥協して求めたものは結局大切にできないからだ。飽きたり、いやになったり、愛着を持てないまま終わってしまうのは辛い。

指輪を買うという若い友人に付き合って、ジュエリー店に行った。彼女は、指輪ならガラスか、自分で作るビーズ、祖母の形見の翡翠《ひすい》しかつけたくない、と言っていたが、珍しく、不思議な模様を描く瑪瑙《めのう》の指輪に心惹かれたと言う。

その石は深海を思わせる深みのあるグリーンに淡いサーモンオレン

ジの小花のような模様が天然の美しさで、よくぞこれに巡り合った、と感心するほど彼女と一体化していた。

その日、帰宅するとメールが来た。

「一番気に入ったものより、使いやすそうなものを買う。一番着たい服より、合わせやすい服を買う。一番行きたいところより、行きやすいところに行く。一番やりたいことより、成果の上がりそうなことをやる。そうせざるを得ない場合ももちろんあるけれど、少なくとも指輪を選ぶのに妥協とか無難はいらないんだよね、と思いました」

妥協や無難で選んでもいい。でも、「好き」の気持ちだけで選んだ方が素敵なものもある。たとえば、ジュエリーや香水といったもの。

ひとの内面とリンクするアイテム、そのひとの心の奥行きが薫り立つようなものとの出会いは、人生をより豊かにしてくれるから。

デニムの品性は足元に出る

せっかくトレンディなデニムを選んでも、足元で失敗してしまったら元も子もない。長さや幅や色といったトレンドが、小憎らしいほど微妙な移り変わりをしていくデニム、合わせる靴にも油断は禁物である。

ハイウエストのストレートデニムに白ソックスを、堅牢なローファーに合わせる。ローファーは、艶やかなパテント素材を選べばタイトやロング丈のスカートにも合わせられる。黒の表革に赤ソックスも可愛い。

また、チロリアンシューズやギリーといった、オーソドックスで伝統的なスポーティな男靴もデニムに合う。若い頃は縁のなかったボーイズスタイルも、歳を重ねると不思議と似合ってくる。

デニムにピンヒール。素足にピンヒールという組み合わせはイケイケ感が強いので、これは四十代までだろうか。あるいは七十代でやれたら本物の格好よさだ。

ストッキングはデニムともっとも相性が悪いので、できれば避けたいもの。スニーカーも、とりあえずデニムとは組み合わせない。

靴選び、そして足元のたたずまいは、着るひとの「知性」に属する部位。どんな靴を選び、どう組み合わせるか、それに時間とエネルギーをかけることは無駄ではない。それは全身に影響をおよぼす、おしゃれの品性につながってくるから。

余裕のある日、カシミアを洗う

春の終わりに、カシミアを洗う。カラッと乾いた晴天の日で、時間に余裕があり、自分もすっきりと元気なときを選び、バスルームで準備する。

大きめの洗濯用ボウルに三十℃以下の洗剤液を入れて、まずは優しく押し洗い。畳んだまま、十五秒から三十秒くらい脱水し、すすぎ水に一分ほど浸けおき。これを二度繰り返す。

すすいだ後、柔軟剤溶液に一分浸す。三十秒脱水して、きれいに畳んだまま、叩いてしわを伸ばす。ネットの上などに形よく広げて陰干し。乾いたら、スチームアイロンを浮かせて、ふんわりとかける。

カシミア専門店で教わった洗い方だ。洗剤は、東洋紡糸というメーカーのカシミアシャンプーか、マーチソンヒュームの、ラグジュアリーランドリーソークを使う。シミなどがあれば、洗う前に洗剤原液を数滴つけて軽く叩く。

カシミアは、なるべくシミをつけないように注意しつつ、毎日、脱いだら馬毛の専用ブラシで、すぐに軽くブラッシングする。これをすると毛玉がつきにくく、光沢が保たれる。静かに、優しくブラシを動かす時間は気持ちが落ち着く平和なひとときだ。

カシミアを洗うと、もう夏はすぐそこまで来ている。

ユニセックスなエプロンをつける

腰から下だけの、くるぶしまでの長い丈の、しっかりした素材のエプロンがほしい。パリのカフェのギャルソンがつけていると、ちょっと色っぽく、女の子が身につけると、働き者のイメージ。それをオバサンがつけるとどうなるのか。

これだ、というエプロンを見つけたのはインスタグラムの中。無作為に検索した画像の中に、黄土色と茶の中間くらいの濃いベージュに黒の紐がついたエプロンを見つけた。素材は帆布風の堅くてピシッとした綿。

それをつけているイギリス人の中年カップルの写真がハッとするほど格好よかった。女性は五十代くらいだろうか。黒いジャケットに、そのロングエプロンをマキシスカートのように巻き、下にはデニムと黒のコンバース。男性は同じ色のハウスコートがよく似合っている。

ああ、ユニセックスって、こういうこと。同じようなテイストのものをつけているからこそ際立つ個性。取り替えて着ても借り物にならず、あくまでひとが主体として立ち上がってくる。

ユニセックスなスタイルを大人がして素敵なのは、どんな暮らしをしているのかが見えるところだ。暮らしとファッションに齟齬《そご》がない気持ちのよさがある。堅い綿のエプロンは大きな存在感を放ちつつ、さあ、どう使いこなす？　と問いかけてくる。

ジャケットを着ない仕事スタイル

ジャケットは肩で着る。

その、しっかりした存在感が、きちんと相手に礼を尽くす、という感覚につながっている。いわゆる裃《かみしも》をつける、といった感じである。

しかし歳を重ねて、その「きちんと感」がかえって相手を緊張させてしまうこともあると気づいた。それに代わるのは、重くないスタイル。軽やかで、やわらかさがあり、それでいてきちんとした感覚を残す服を考えてみた。

テーラードカラーのロングジレは、たとえTシャツを着ていても、上にサッと羽織ることで肩のラインが決まり、きちんとした印象を出すことができる。

ワンピース。しなやかだがやわらかすぎない素材であること、ダークな色であること、そしてどこかにメンズ仕立ての部分が感じられることがポイント。襟ぐりが開きすぎていないことや、袖がほどよくタイトで、たとえば袖口にボタンが並んでいる、カフス仕立てになっている、といったメンズの服の要素があると、仕事服として使いやすいだろう。

手持ちのテーラードジャケットも見直してみよう。以前よりしっくりくるかもしれない。きちんと感が出すぎてしまうようなら、ボタンを変えたり、ベルトを新たに投入したり、インナーに明るい色を持ってくるなど、やわらかいコーディネイトを考えてみよう。

時々、ベージュに戻る

大人のためのネイル指南本、『マダムネイル～おしゃれは手元から』の中に、「時々ベージュに戻ること」と書かれていて、ハッとさせられた。

ネイルのように近くで見るものは、だんだん目が慣れてきてしまう。濃い色やネイルアートも近くで見すぎると慣れてしまい、客観的に見ることができなくなるため、一度それをリセットし、基本のベージュに戻ることが大切だという。

ネイルは奥が深い。手元を見れば暮らしや心の乱れもわかる。素敵な指先のひとに出会うと、大人の女は場の空気を左右する存在なのだな、と思う。定期的に、ひんやりした指先を感じさせるベージュに戻ってクールダウン。

ベージュには黒

蜂蜜色の髪や抜けるように白い肌の外国人が、ベージュを当たり前のように着ているのを見ると、黄みがかった肌を持つ日本人には難しい色だと感じるが、ひとつだけ方法がある。それは黒と組み合わせること。

たとえばトレンチコートのような、ベージュの分量が多いものでも、襟やストームフラップ（肩から下がる当て布）に黒の細いトリミングがあるだけで、印象がくっきりとし、ベージュが生きてくる。肌とベージュとの境を黒がしっかり分けてくれるからだ。

トップスやボトムに黒を組み合わせるのもいい。その場合は濃いめの、ブラウンに近いベージュと相性がいいと思う。

黒のベルト、黒ソックス、サンダル、籠、小さめのネッカチーフなども使えるアイテム。ベージュを引き締めて際立たせるスパイスは黒、と覚えておこう。

陰翳をブルーで着こなす

日本人には濃いブルーが似合う。光沢のある糸で編まれたネイビーブルーのプルオーバーに濃紺のタイトスカート、それより少し薄いブルーの一重仕立てのノーカラーコートといったブルーのグラデーションは、着るひとを知的に、そして清々しく見せる。

ネイビーは黒よりも印象がやわらかく、若々しく見えるが、ストイックになりがちなので、インナーに明度の高い同系色を持ってこよう。ストッキングも肌色ではなく薄手のネイビーを。靴は光を加える黒のパテント素材でもいい。

グラデーションのコーディネイトは陰翳《いんえい》を着こなすこと。首筋にも体形にも陰翳は揺れるけれど、フラットな若い頃とは違う奥行きが加わったとも言える。人生の光と影の織りなす美しさを知る年齢になったからこそ、ブルーのグラデーションが似合うのだろう。

ピンクは
いまの方が似合う

ピンクを着ることを我慢してきた、というひとは多い。品のあるピンクの服がいままであまりにも少なかったし、記号的な意味をもつ色でもあるからだろう。でも、若い頃よりいまの方が、確実に似合うはずだ。

ピンクを選ぶときは必ず試着して決めること。中途半端な濁りのある色、黄みがかった色、青みのあるピンクは避ける。トップスをピンクにするなら、下はカーキのガサッとしたコットンパンツやデニム、そしてスカートよりは、シンプルなワンピースをサラッと着ると無理がない。最初はストールから始めても。

好きなピンク、似合いそうなピンクのイメージを膨らませておくと、出会ったときに直感が働きそう。

強い「色小物」で白を着こなす

白を着るとき、どうしてもあらたまった感覚がつきまとう。気恥ずかしい、とか大仰な印象を与えたくない、など腰が引ける。そんなとき、白をカジュアル化してくれるものは強い色の小物だ。

たとえば真っ赤な布の巾着バッグ、鮮やかなグリーンのキャンバス地トートバッグ、ルビーレッドのパンプス、濃いスミレ色のショールといった色小物を投入すると、白の印象が分散され、小物に目がいく分、白がひとつの色として生き生きと見えてくる。

全身のトーンなどをあえて考えず、その時々の気分によって直感で決める。そのラフさと色の強さが、白の持つ「きちんと」感を一度壊して、再構築してくれる。

色に迷ったら、マスタードイエロー

色が着たくなったとき、失敗しにくい色をひとつ上げるならマスタードイエロー、辛子色だ。

日本人の肌や髪の色に合うから、ワンピース、ローブ、オールインワンなど分量が多いアイテムでも気にならない。

白、黒、グレー、ネイビーといった基本色のすべてと相性がいいし、シルバー、ゴールドのアクセサリーもそれぞれの雰囲気を生かしてくれる懐の深い色。黄みが強いものから茶色みがかったものまで、バリエーションも豊富なので、似合うものを探す幅も広い。

なにか新しい色を加えたくなったとき、まずマスタードイエローを
探してみよう。

元気がない日は、赤

寝込むほどではないけれど、朝からけだるかったり、気圧の変化で身体が沈みこむようなとき、赤を手に取ろう。

赤は生命力のエネルギーを持つ色。染織家の志村ふくみは、茜《あかね》を「大地に根を張った女の色」と言ったが、太陽の華やかさもありながら、地に足つけさせてくれる色である。

直接、身体につけるものとして、ブレスレット、イヤリング、ソックス、マフラー、そして口紅などを気がついたときに用意しておく。目で見て元気をもらうものとしては、化粧ポーチ、サブバッグ、小物を入れる巾着袋、籠にかぶせる布、メモ帳、ペン、ピルケース、そして扇子も赤のものを一つ持っていると魔よけの役目を果たしてくれそうだ。

朝の食卓にも赤の野菜や果物を。赤のエネルギーを上手に取り入れて、身体の変わり目、季節の変わり目を乗り切ろう。

女王陛下のワントーンコーディネイト

仕事で英国王室の資料にあたっているとき、エリザベス女王の現在の写真をたくさん見た。そして思ったのは、かつてはダイアナ妃、いまはキャサリン妃と、ファッションアイコンを輩出してきた王室だが、昔もいまも美の存在感という点で、エリザベス女王の右に出る者はいないのではないか、ということだ。澄んだ水色のコートと帽子をまとったロンドン土産の人形ですら、その気品に思わず買ってしまったほど。

九十代に入られた最近の女王のスタイルは、クリアで濁りのない鮮やかな色のコートに、同色の帽子、そして同系色のプリントのワンピース。大人のワントーンコーディネイトである。

靴とバッグは、ほとんどの場合、どんな色の服装にも黒の五センチヒールのパンプスと黒のバッグを組み合わせている。これが引き締め効果とストイックな印象をもたらしている。もし、服の色に合わせた色の靴を履いたら、やりすぎ感が出てしまうだろう。

ワントーンコーディネイトの長所は、縦のラインを強調するのでスマートに見えること、パールなどのジュエリーの邪魔をしないこと、そして格調高いこと。女王陛下のセオリーからは、学ぶところが多い。

きれいな色を組み合わせて

長くイタリア版ヴォーグ誌の編集長を務めていたフランカ・ソッツァーニさんは、とても小柄な印象の女性だった。

身長百六十四センチと公表されているが、顔が小さくバランスがいいためか、もっとずっと小柄に見えた。その体形を生かすためのスタイルは、ブラウス、カーディガン、膝が少し見える丈のスカート、膝丈のワンピース、膝丈のコート、カラータイツ、色の靴。

堅い印象のジャケットや個性的すぎるデザインを排し、シンプルなシルエットを組み合わせ、色で見せる、という彼女のスタイルは、日本の小柄な女性にも参考になる。

　たとえばチャコールグレーの膝丈のサックドレスに、レンガ色に近い赤みがかったカーディガン、靴はグレイッシュなブルーのワンストラップパンプス。あるいは青みがかったパープルのボウブラウスに、発色の美しい深緑色のスカート。難しい宝石のような二色を組み合わせるときの橋渡し役に、黒のカーディガンを羽織る。

　黒のトップスに、ごく淡いサテンのピンクのバルーンシルエットのスカート、それにワインレッドのパンプス。柄物はスカートかワンピースに取り入れ、必ず中の一色をカーディガンやコートに反映させた。

　女学生のようなチャコールグレーのステンカラーコートに同色のタイツ、ワインレッドの靴、という組み合わせもチャーミング。

　フランカさんはきれいなカジュアルの先駆者だった。長くファッション業界の要職にあっても攻撃的ではなく、見るひとをホッとさせる装いに、大人の女のおしゃれの役割を無言のうちに教えられた。

ヴィクトリア・ベッカムの「考える」おしゃれ

ヴィクトリア・ベッカム。センスはいいのに、にこりともしない強気の姿勢にピンヒールが合いすぎ、ビッチ感が漂っていて残念だった。しかし、最近のコレクションでは、髪を肩くらいまで短くし、ゆったりしたシャツの袖をまくり、パンツはやわらかい素材のワイドなものを腰で穿き、靴はセリーヌの健康サンダル型フラットサンダルと、トレンドの方程式そのもの。わかりやすく、人気があるのがよくわかったし、さすがに格好よかった。

ファッションでここまでイメージが変わるのか、とあらためて思った。四十代前半の彼女にどのような心境の変化があったのかは知らないが、ピンヒール時代よりはいいひとそうに見える。

胸をこれでもかと強調していた頃から、ピンヒールのファッションアイコン時代、遅れてきたエフォートレス、そしていま、ストイック・エレガンスと呼べそうなスタイルへの変身は、このひとが、好きなものを自由に着てきたというよりは、頭で考えておしゃれするタイプなのだと思え、なんだか共感してしまうのだった。

トレンチコートは色香と老いが似合わせる

軍服から生まれたトレンチコートは、すでにイメージが決まっている。それに引きずられずに自分のものにできないと、ただ「トレンチを着ているひと」にしか見えない。用の美を極めたこのコートに個性を反映させるにはどうしたらいいだろうか。

素敵なのは往年の大女優たちの、肉感的な肢体をトレンチコートで包んでもなお、堅い素材から漏れ出てくる色香、といった着こなし。ウエストをきっちりとベルトで絞り、丈は長めのオーソドックスなデザインがいい。ソフィア・ローレンやグレタ・ガルボ、ネッカチーフが愛らしいオードリー・ヘップバーンなどの正統派女優をお手本に、口紅をしっかり塗って、きれいなパンプスで。

トップモデルだったローレン・ハットンが、たっぷりとしたロング丈のトレンチコートを着ていたのも、とても格好よかった。映画「アメリカンジゴロ」で一世を風靡したハットンも、七十歳をいくつか過ぎた。颯爽とした歩き方は変わらないし、皺《しわ》も目立たない。だが、やはり老いた。その枯れた首筋や、優しくなった目元が、トレンチコートの活動的なイメージと相殺《そうさい》され、渋い。これから目指すのならこれだ、と思う。

トレンチコートは色香と老いが似合わせる。そしていつでも、香水は忘れずに。

ヴァネッサ・レッドグレイヴのように歳を重ねたい

三十代の頃、素敵なおばあさんの写真を切り抜いて、ファイルしていた。

ヴィスコンティ映画の常連だったイタリア女優、シルヴァーナ・マンガーノが、絹のガウンにサテンのシルバーグレーのゆったりしたパジャマパンツを穿いて、満開の紫陽花《あじさい》の咲く石造りの庭園でくつろいでいる写真。

ティファニーのデザイナー、エルサ・ペレッティ、ヴォーグアメリカの伝説的編集長だったダイアナ・ヴリーランドなど、憧れのひとは皆、年上で、円熟したスタイルの持ち主だった。

ところが、いざ自分が彼女たちの年齢になってみると、憧れるどころではないのである。物忘れや遅くなる動き、五十肩や見えづらい目、持病をなだめすかし、毎日を生き抜くので精いっぱい。どんなおばあさんになろうかと夢を抱けたのはまさに若さゆえだった。

しかしいま、唯一こうなりたいと憧れるのは、女優のヴァネッサ・レッドグレイヴである。一九三七年生まれの彼女が七十歳くらいのときの写真をウィキペディアでみつけた。黒のゆったりとしたローブをまとい、白髪に多分、ノーメイク。皺もシミもある老いた肌を隠そうともしていない。けれど映画「ジュリア」や「裸足のイサドラ」で見せた気品と知的な美しさは健在だ。

この写真のヴァネッサの一番の魅力は、人生のエネルギーを使い切って生きてきた貌《かお》をしていること。重く燻《くすぶ》っているもののない清々しさが表情に現れ、それが自由な感じのローブとマッチして美しい。こんなふうに歳を取れたら……。

毎日デニムとローファーだけで

毎日、デニムとローファーだけでどこまでおしゃれできるか。その実験のようなスタイルを見せてくれるひとがいる。リンダ・V・ライトさんだ。

パリ在住のリンダさんは以前から有名なおしゃれブロガーだが、七十代になったいま、さらによけいなものが削ぎ落されて、シンプルな「毎日同じものを着ていい」を実践していて素敵なのだ。

基本はウエストをきちんとベルトでマークしたデニム。靴はベーシックな黒や茶のローファー、それにジャケット、カーディガン、ストールなどが季節によって加わる。

絶妙な色合わせ、デニムのロール具合やストールの巻き方、一番上までボタンを留めたシャツの着こなしなど参考になることは多いが、もっとも注目したいのはサイズ感だ。

このゆとり、このフィット感でなければ絶対にダメ、というプロのサイズ選びが、彼女のおしゃれを確実にスタイリッシュに見せている。

特にデニムのサイズ感は、大人のデニムはこうあるべき、のお手本だ。腰回りはすっきりして、脚の部分にはゆとりがあるものが多く、幅と丈のバランスも素晴らしい。

もうひとつは、靴のおしゃれ。本当に素敵な靴を履いている。基本はトラッドなローファーだが、ときにトルコの刺繍入りスリッパや落書き風の絵が描かれた靴を合わせ、そのアレンジ力は、靴で洗練されるおしゃれのお手本だ。

出がけに襟浮きチェック

テレビドラマを観ていて時々気になるのが、俳優の服の襟が浮き上がっているということ。たとえば若い男の子の着ているチルデンセーターの左側の襟が浮いていて、なんだかだらしがない。東大出のお坊ちゃまの役にふさわしいきれいなセーターがだいなしだ。誰か気づいてひと言声をかけてあげればいいのに、と思ってしまう。

浮きの理由は、セーターの厚みと着るひとの胸の厚みとが合っていないから。着てから鏡の前で、少し前身頃を引き、襟を首に沿わせればいいだけのことなのだ。

服は肩のラインがもっとも大切で、そこが合っていないと、どんなに素敵な服でもそう見えないが、襟元を首にしっかり沿わせて整えることは意外とやっていない。特にコートやジャケットでは、襟が首にきれいに沿い、肩に浮きなくのっていることで全身のシルエットの流れが整う。

紳士服では当たり前のことなのかもしれないが、フィッティングということを知らずに来てしまったわたしたちは、いまからでも鏡の前で実践しよう。

大人をきれいに見せるボーダー

できることなら一生着ていたい。

白髪の素敵なマダムがワイドなチノパンに白いスニーカーでボーダーTシャツを着ている姿は、若いひとのそれよりずっとおしゃれに見える。ただし、大人をきれいに見せるボーダーと、無理があるそれとを見極めないといけない。

同じコットンでも、生地が厚めで張りがあり、横縞が太めのものはカジュアル感が強く、若いひとの方が似合うだろう。大人は、やや薄手の素材、縞の幅は細め、できれば白ベースに黒かネイビーの縞がいい。茶系や他の暖色は顔映りがあいまいになるので避けたいところ。身頃の途中からボーダーが始まるタイプのデザインも、スポーティさが強まるので難しいかもしれない。

そして襟ぐり。キュッと詰まったものより、少し広くてゆとりがあったほうが首筋や顎のラインをきれいに見せてくれる。つまりは、どこかに繊細さが感じられるデザインが必要。

わたしは四十代後半から五十代、ボーダーTシャツを封印していた。大好きなのに、どうコーディネイトしても似合わなくなったからだ。最近は肉が削げ落ちてきて、つまり身体が枯れてきて、またしっくりくるようになった。

上に重ねたものの襟元から横縞が少しだけ覗くのも楽しい。ワインレッドの、小さな襟開きのVネックプルオーバーの襟元に覗かせれば、パリが薫る。白いパーカなら清潔感が増す。

自分シルエットのワンピースを三枚

ワンツー・コーディネイトとは、トップスとボトムだけのシンプルな組み合わせのこと。でも、できればワンだけで済むのがいい。

自分シルエットのワンピースを見つけたら三枚買っておく。

この歳になると似合うシルエットはもうあまり変わらないし、心地よい素材も色も、ベースとなる要素はほとんど変化しない。そんな定番的ワンピースを色違いで持っておくと安心する。すっぽり着れば、それだけで安定のバランスを得られるからだ。コーディネイトに頭を悩ませることもない。この先は、仕立てる、という手もある。

もう服はたくさんはいらない。あれこれ、小物をコーディネイトするのも疲れる。ひと呼吸でさっと着られて形になるワンピースは大人の味方だ。

黒タートルはシルエット

黒のタートルセーターは、服というよりシルエットと考えたい。くっきりとした漆黒の影が中心にできることで、上に重ねるジャケットやコート、パンツなどの印象がより際立つ。それも、強いコントラストによってドラマチックに映えるのだ。

よいシルエットにするためには条件がある。身体にぴったりとフィットしていること。これは黒タートルだけに言えることで、タートルでも他の色だとまた違ってくる。

フィット感のポイントはまず、肩から二の腕、手首にかけての袖。

無駄なゆるみがなく、かといってピチピチでもなく、小さな丸い肩から細い二の腕がすらりと伸びる、といったシルエットが大事。できれば袖丈は通常のプルオーバーよりも長め、手首を隠すくらいの長さがあるといい。伸縮性のある上質の素材だと、着るひとの体形に拘《かかわ》らず、そんな「マネキン人形の腕」を演出してくれるものもある。

もうひとつのポイントは首。ここも無駄なゆるみがなく、しかしきつそうにも見えないすっきりとした筒形になっていることが大切。首を長く細く、その上にのる顔を三割くらい小顔色白に見せてくれる。

黒タートルと言えば、オードリー・ヘップバーンの「パリの恋人」を思い出す。小鹿のようなオードリーの愛らしさを存分に生かすための黒タートルとカプリパンツ（ハイウエストでぴったりした七分丈のパンツ）はシルエットの役割を大いに果たしていた。あんなに体形が出るスタイルはもうできないが、バレエシューズを黒スニーカーに替え、オードリーのようにトレンチコートをさっと羽織って出かけようか。

あえてノースリーブを着る

太い二の腕を隠そうとして、中途半端にゆとりのある幅で長めの袖を選ぶと、かえって腕は太く見え、そこに人目をいかせることになる。むしろ思い切ってノースリーブを着た方が、ずっとすっきり。ただし、その場合のノースリーブには、ちょっとした工夫が必要だ。

ごくわずかに肩の上にせり出しているフレンチスリーブ、そのせり出しは五ミリ程度でいいのだが、これがあるだけで二の腕の見え方は格段に違う。腕というより、肩を覆う布の在り方が、たった五ミリの差でシャープか、もったりかの印象を決めてしまうのだ。

さらに、ノースリーブの刳《く》り幅の細いものも腕を細く見せる効果がある。オードリー・ヘップバーンが着ていたジバンシィのリトルブラックドレスがその代表格。腕ばかりかデコルテもきれいに見せるカッティングの妙だ。

袖は老け見えの原因になることが多い。同じようなデザインなのに、どこかオバさんぽい、と感じたら、袖を疑うこと。楽だから、と選びがちな肩から落ちたドルマンスリーブなども、手に取ってはならないもののひとつだ。

試着時には袖のフォルムをよくチェックしよう。肩から二の腕にかけてのラインにシャープさがなく、もったり見えたら、その服は買ってはいけない。

タイトスカートは万能アイテム

体形にも気持ちにも合うタイトスカートにはめったに出会えない。ウエスト位置がぴったりで、そこから腰の丸みに沿ってきれいなカーブを描き、しかも素材は質のいいウールストレッチで適度に伸びて脱ぎ着も楽。丈は膝がちょうど隠れるくらい。パンプスでも、ソックスにローファーを履いても似合う。色は流行に左右されない明るいグレーやパール色、こっくりとしたネイビー……と、こんなタイトスカートがあったら、二枚買いしよう。

ギャザーやフレアースカートのように、ごまかしがきかないタイトスカートは、実は便利この上ない。セーターでカジュアルにも、ジャケットできちんとした装いにもなる、いわばつぶしの利く万能アイテムと言ってもいい。

シンプルな薄手のプルオーバーをゆったりと着て、襟元にはパールのネックレス、それに、ややハイウエストの「小股の切れ上がった」タイトスカート、トラッド感のあるマフラーを巻いて、大股で歩こう。

カジュアルはいじくりまわさない

カジュアルは、その場その場の状況でサクッと着るからカジュアルであり、マニュアルに従っていたらそのよさは半減してしまう。

服を着たら、玄関を出る前にあと一分、鏡の前で全身のバランスを確認しよう。適度にまくった袖、顎のラインや首がきれいに見えるだけ開けた襟元。瞬間のインスピレーションで着れば、それがあなたのカジュアルになる。

シャツの裾を前だけイン、襟の衣紋《えもん》を抜く、といった技も、最初はそんな、誰かの瞬間コーディネイトから生まれたものだろう。だから勢いがあり、可愛いのだ。でも、それが流行になり、マニュアルになった時点で、お役目はもう終わり。料理と同じで、服も、いじくりまわしてしまうと活気が失せる。

鏡の前の一分で「盛りつけ」を成功させるコツは、普段から自分をよく観察すること。鏡やスマホの自撮りをじっくり見る。それが素敵になる近道。

着たら、手で整える

服は着たら着っぱなしではだめ。花瓶に花を生けるときのように、最後に手で形を整える。そして一日のうちに何回か、空気を通すように手を入れていく。

チェックポイントは襟ぐりや肩のライン、スカートの裾線など。そこに無意識に手がいくようになれば、しめたもの。

服は布をまとうものだが、実は布によってつくられた空気をまとっている。身体に沿ったきれいな空気をまとえるかどうかが、大人の女の美しさにつながる。

ローブで優雅に

シンプルなトップスにゆったりしたワイドパンツ。それに丈の長いジャケットやローブを羽織る。

長いものを上に羽織ると、身体がすっぽり隠れる安心感があるし、縦ラインが強調され、全身がすっきり見える。そしてなにより、たっぷりと揺れる布の、風をはらむ感じが優雅かつ爽やか。

春のシルクのローブ、初夏には麻の長袖のもの、盛夏には袖丈の短いコートワンピースのようなものも。秋になったら目のつんだコットンのロングシャツを羽織り、その上に薄手のウールのローブを。

アイスグレーから白などのグラデーションで重ねたり、思い切ってピンクやターコイズを差し色にしても楽しい。

ローブは背が高くないと難しいと思いがちだが、小柄なひとにも着こなせる。中に着るものの色や、ベルト、大判ショール、ロングネックレスなどで縦ラインを工夫し、かまわずバサーッと羽織ってしまっても大丈夫。

あえて「堅い」服を選ぶ

楽な服、ゆったりしたものばかりに目がいく。肩が痛いから試着も億劫《おっくう》。が、ときには堅いものも試してみよう。

テーラード・ジャケットと堅い素材のデニム。結論は、やはり、やわらか、ゆったりだけではだめだ、ということだった。やわらかなものばかり食べていたら顎と噛む力が退化する。ときには煮干しや丸干しを頭からぼりぼりしないと、なのだ。

テーラード・ジャケットは、若い頃より不思議としっくりきた。その理由は、バストトップの位置が落ちて、鎖骨から胸まわりがすっきりしてきたから。筋張ってきた首にも、かっちりとしたテーラードは凛とした印象を与えて、引き締まって見える。もっとおばあさんになったら、ライディングジャケットのようなものもよさそうだ。

もうひとつは、堅い素材をあえて使ったストレートデニム。裾をちょっとまくって着るタイプで、ワイドめ、ウエスト位置が高いものを選んだ。着やすいとはいえ、立ったりしゃがんだりする動作のとき、いちいち堅い。が、それが新鮮でもある。背筋を伸ばさなきゃ、と思う。

堅い服は、ゆるみすぎていく大人おしゃれの流れに、時々歯止めをかけてくれる。

イヤリングは光

顔を照らす光としてのイヤリングは大人の華やぎとして不可欠だ。いつでも耳元に輝きを与え、そのイヤリングに表情や雰囲気がマッチしていく……そんなつけ方がいい。

あまり大ぶりのイヤリングをボンボンつけたくないし、左右に同じものをつける必要もない。どちらか片方だけに存在感のあるものをつけたり、ごく小さなピアスを重ねづけしたり、イヤーカフを加えたり、複数の光を組み合わせる方法もある。

耳元は、生きてきた歴史や品格を感じさせる場所。生き生きとあなたらしく、ちょっと遊びがあって、でも気品がある、そんなハイライト効果で顔を明るく照らしたい。

変わりたいとき、メガネを変える

いよいよ若くないところで勝負しなければならない年齢になったとき、メガネを変えてみた。てっとりばやくキャラ変更ができるからだ。古いメガネのマダムキャラから、新しいメガネが運んでくるひょうきんキャラへ、とりあえずのってみる。そのうち、そのキャラと内面とのバランスが取れてくる。気がつくと、メガネに頼っていたキャラは、自然に自分らしいものになっていた。

老いと付き合うことは、未知のことばかりだ。若い頃から慣れ親しんできた風貌は、あるときを境にして一気に崩れ落ち、別の貌が現れてくる。あまり見たくないものでも、直視するところからしか始まらない。

いまの顔を直視して、思い切ってキャラ変更してみると、新しい自分に出会える。

パールネックレスは自分の長さで

パールのネックレスを効果的につけている人が少ないと思う。それはひとえに、長さの問題だ。どんな素敵なネックレスでも、長さがそのひとに合っていなければ、文字通り無用の長物。まず、どの長さで使うかを決めてみよう。

基本の長さはふたつ。ひとつは、首の詰まったTシャツやプルオーバーに合わせて、チョーカーとして短めにつける。もうひとつは、Vネックの襟開きに合わせる。

短めにつけるとドレッシーな印象になるが、それを逆手にとって、白のTシャツやプルオーバーなどカジュアルなアイテムの襟元にちょうど沿う長さで、キュッとつける。

これは首筋がほっそりと枯れてきたとき、その枯れ感をおしゃれに見せる方法。正統派のパールがカジュアルに見え、と同時に若いときには出せなかった華やかさも楽しめる。

Vネックにつける場合は、顔や体形、胸の位置、みぞおちの位置などとのバランスを見て、やや長めに設定する、少し長すぎるくらいかな、と思うくらいゆったりした長さにしておくと、身体の動きやしぐさによって、ネックレスの一部がV開きの中に出たり入ったりして、それがとてもセンシュアルだ。

パールは、しまっておく時間が長くなると、輝きがだんだん失せてくる。つけ慣れることも含めて、できるだけ普段使いしたいもの。買うときは、一番合わせたい服を着て行こう。

枯れた手をセクシーにするリング

リングにはふたつの素敵なつけ方がある。ひとつは重ねづけ。いままでのように同じ指に重ねるのではなく、たとえば三本の指に一本ずつシンプルな同じデザインを重ねる。左手三本、右手一本、くらいのバランスにすると、上品な「散らし」感が出る。

U字形のアームの両端にパールやダイヤモンドがセットされたリングは、指と指との間に浮いて見えることでアームの存在が消え、指と石だけが見えるところに不思議な浮遊感があり、新鮮だ。

もうひとつは、「大ぶり」天然石リングをドンとひとつつけること。

あえて鑿《のみ》の跡を残した、ごつごつしたクオーツや、巨大な天然石のモダンなデザインのものなど、指が細く見える効果とともに、大人の迫力とセクシーな美しさをもたらしてくれる。

手も老いる。残念ながら。

しかしこれらのリングは、その枯れた手、生きた歴史を刻んだ手を、生き生きと格好よく再生して見せる力がある。

傘は全身映る鏡で

夜目、遠目、傘の中という言葉もあるように、傘は本来、女のひとを美しく見せてくれるもの。そして意外と、見られているもの。だから柄や色だけで選ばず、全身がきちんと映る鏡でよくバランスをチェックしたい。

顔色をよく見せる色、ハンドル部分の素材や形、意外に盲点なのが石突《いしづき》と呼ばれる傘の先端部分。そこの長さや太さも、ひとによって似合う、似合わないが微妙にある。そして、広げたときの生地の大きさと中棒の長さとのバランスも大切。

日傘の場合は、中棒が長めのものが、さしたひとをきれいに見せるという。特に着物の場合は、ハンドルと傘との間に、ゆったりとした空間があるものを選ぶと、夏空の下、涼やかで優雅だ。レース素材で、傘の中に木漏れ日が揺れるような白の日傘は、持つひとを選ばず、なぜかパートナー受けもいいとか。

どんな傘をさして歩くか、古風な女になったつもりで考えてみたい。

先の人生を思い描き、腕時計を買い替える

腕時計を買い替える。それは、これから先の人生の在り方を思い描くこと。

若い頃のように、ファッション性やブランドだけで選ぶのではなく、これからどんな時間を送りたいか、をイメージする。時間を計るだけなら携帯でいいけれど、ある年齢になったら、腕時計はそのひとの人生観を表現するから。

たとえばフェイスの大きいシンプルなメンズの時計。ベルトをグレーの革かチタン素材のような渋いものにして。ダイバーウォッチのベ

ルトをゴムからステンレスに変えるだけでも印象が大人っぽくなる。あるいは、繊細なビジューのようなアンティーク時計も美しい。白髪の女性がシンプルなパンツスタイルにつけていたら素敵だろう。

　手は人生の歴史を映す。手が生き生きと見える腕時計と巡り合いたい。

リーディンググラスはアクセサリー

リーディンググラスは、メガネではなくアクセサリー、なかでもイヤリングの延長として位置づけたい。

もし、普段もメガネをかけているなら、そのメガネより一段明るい色やスタイリッシュなデザインを選んでみよう。赤やピリッとしたグリーンのリム、キラキラ光るラインストーンのついたもの、マーブルカラーなど、いまは華やかなものがたくさん登場している。そして、そんなリムやテンプルの雰囲気とイヤリングとをコーディネイトしてみよう。

横顔は思いのほか見られている。そしてメガネ美人の条件は横顔にあると言える。リーディンググラスの耳にかかるテンプルの色とイヤリングとが合っていたら、ハッとする。

老いのハンディを悲壮感なく、軽やかに楽しげに扱えるようになることが、人生百年時代のおしゃれ術。リーディンググラスは、その第一歩だ。

白か黒か、ジュエリーの新・選択

長い間、基本的にゴールドかシルバーの二者択一だったジュエリーに、白と黒の選択肢が加わった。

白は希少性のある白珊瑚《さんご》、白翡翠、ホワイトターコイズといった天然石系のものが登場、イヤリング、ペンダント、バングルなどアイテムも少しずつ増えてきている。

かつては白いジュエリーと言えばパールしかなかったが、これらの天然石は透明感のある硬さと、気品がありながらカジュアルにつけられるところが現代的。服の色も選ばない。

反対に、パールは黒に注目したい。若いときには絶対につけこなせないのが南洋玉と呼ばれる黒パール。かつては有閑マダム的な印象があったが、モダンなデザインも増え、Tシャツやざっくりしたプルオーバー、革のライダースジャケットなどにも、片耳だけのピアスをつけるなどワイルドなコーディネイトができるようになった。野性的なその「照り」が魅力の黒パールには、ひとひねりしたドラマチックな美しさがある。

白か黒か、どちらを選んでもそれぞれ違った奥行きを感じさせる、ジュエリーの進化形である。

ピアスはアンバランスに

ピアスは左右対称にこだわらず、右と左でばらばらなものをつけてみよう。

たとえば、どちらかの耳だけにつける。つけてみてバランスが偏りすぎていると感じたら、もう一方の耳に小さな一粒ダイヤなどを加えて。垂れ下がる長いデザインのピアスに、耳たぶにつくタイプのごく小さなものを組み合わせるのもあり。パールのグレーと白のピアスを持っていたら、ばらして左右を色違いに。

持っているピアスを全部並べて、新たにオリジナルの組み合わせを考えてみよう。

小さいピアスをいくつか、音符を並べるような感覚でリズミカルにつけたら、手元には大ぶりのリングを一個だけ。

いまの方が似合う、フード&セーラーカラー

歳を重ねて意外に似合うものが、フードとセーラーカラーだ。若いときよりいいじゃないか、と思う。たとえば裏起毛の、しっかりした素材のパーカ。袖や身頃がほっそりとしている分、首の後ろにのってくるフードのふんわりしたシルエットが可愛い。

セーラーカラーもまたその襟が、寂しげな後ろ首から肩のラインを生き生きと見せてくれることに気づく。

顔と服との年齢バランスが合わないのは痛いが、若くないひとがスポーティなアイテムを若見せでなく取り入れるのはチャーミング。昔

は似合わなかったものが似合うようになるのは、歳を重ねる大きな楽しみだ。

まずは白のスニーカーを一足

スニーカーを毎日履くなら、スタンダードな白を。

コンバースでも、久留米のシューズライクポタリーでも、アディダスのスタンスミスの紐のタイプでもいいのだが、純白であることが大切で、それは、スポーツではなくおしゃれをするためだから。

白スニーカーは、一年を通して履くことができ、黒にもネイビーにもグレーにもベージュにも合う。冬の黒いコートに黒いパンツ、それに白スニーカーというようなスタイルも抜け感があって素敵。黒のスニーカーも悪くないが、足は全身の土台なので大きく見えた方がよく、黒でこぢんまりするより、若々しい白で大股に歩こう。

大人の白スニーカーは、履きこんでいたとしても、いつも真っ白が原則。くったりして汚れが目立ってきたら買い替えて。

ベルトのおしゃれで、「喝」

手持ちのジャケットの上からベルトをしてみる。

ジャケットと同色の細いベルトでもいいし、ガシッと太い革ベルトも格好いい。イメージは、わたしの世代だとウディ・アレンの映画「アニー・ホール」のダイアン・キートン。男物のたっぷりしたツイード・ジャケットを革ベルトで締め、ミモレ丈のスカートにウエスタンブーツだった。いまならバランス的にはタイツかソックスにローファーといったところだろうか。それを真似した八〇年代のテレビドラマ、W浅野と言われた女優さんたちの装いを思い出す。

革ベルトに抵抗がある場合、太いサッシュベルトにすると案外ウエストの太さがカバーできる。布製のサッシュを帯のように幅広に巻いてしまうのだ。トップスにはゆとりがあるデザインを持ってきて、少しブラウジングさせることでウエストの太さが目立たなくなる。

長年のカジュアルブームでたるみきったウエスト。ときにはベルトのおしゃれで「喝」を。

小物づかいはハイ&ロウ

普段の着こなしの中に、ひとつだけ毛色の違う若者向けの物や、スポーティアイテムを加えてみる。

毎日着るものは空気のようなもの。ともすれば無意識のローテーションに陥っている。おしゃれの動脈硬化である。それを防ぐサプリメントのような効果のあるのが、ハイ&ロウのテクニック。

スポーツブランドや、雑貨店や古書店などがオリジナルでつくる軽いトートバッグを、いつものバッグと二個持ちする。おまけにもらったブレスレットやリングが可愛かったら、定番のゴールドリングと混ぜて重ねづけ。

好きな安いもの、おもちゃっぽいものを少しだけ加えてみると、グルッと血流がまわり始めて、新鮮さが戻ってくる。そして何より楽しい。だから、若者の流行には敏感でいたい。眺めているだけでも動脈硬化を確実に防ぐ。好奇心は最高のサプリメントだから。

お気に入りで機嫌がいいひとになる

運がいいひとに共通の外見は、清潔感や肌のきれいさに加えて、機嫌がいいこと。初対面のときから、そのひとを取り囲む空気が安定した「微笑《ほほえ》み」を浮かべているかのよう。

せっかくおしゃれをするなら、そんなふうにいつも笑顔の空気をまとっていたい。それには、気に入ったものを「自分の目に見える部分」に配置することだ。

意識の中でわたしたちは、いま何を着ているか、をよく知っているつもりになっている。でも、実は視覚に直接飛び込んでくるものは、そう多くはない。服はその一部しか見えていない。反対に、よく見えるものはバッグや靴、財布、そして手元のアクセサリーといったもの。

お気に入りのバッグ、見ると気持ちがワクワクする色の靴、心弾む傘や日傘、大切なお守りとしてのリングやブレスレットなど、目に入る場所に置くものをこだわって選ぼう。それらを目にすると、ネガティブな気持ちも祓《はら》われて、きっと上機嫌が戻ってくる。

モカシン、ポケット、カシミアショールで飛行機へ

　飛行機に乗るときに欠かせない、わたしの三種の神器ならぬ三種のアイテムは、モカシン、ポケット、カシミアショールだ。

　モカシンは楽で着脱しやすく、しかしそれなりにきちんと見える。長時間のフライトなら布袋に入れて座席ポケットに入れてもコンパクトに収まってくれる。もし万が一エマージェンシィになったとしても、脱いでポケットに入れて脱出できる。実際にそうした機会に遭遇したことはないが、海外の移住先と日本とを頻繁に行き来していた頃、予測できないさまざまなフライト・トラブルを経験し、できる限りスト

レスをなくそうとして考えたことだ。

ポケットが大きい、たくさんついている服というのも同様の理由から。丈の長めのトップスで両脇にたっぷりとポケットがついているものだと、安心感もあり、荷物を手放さなければならなくなっても、必要最低限のものを放り込んで脱出することができる。

カシミアのストールは、旅には欠かせない家代わり、ベッド代わり、そしてお守り。夏は織物で、冬はニットで、身体を包み込むくらいの大きさのものを一年通して持って乗る。安心するし冷え対策ということもあるが、ロストバゲッジになっても何とかそれを巻くことで一日はしのげる。

あとの物はごくコンパクトにトートバッグにまとめて座席の下へ。手間がかかり（周りの人の動きを妨げる）、出すのを忘れそうになったりもするので、上の荷物入れにはなるべく入れないようにしている。

ハンカチーフは心の贅沢

服は、もうたくさんは必要ないけれど、ハンカチーフにはこだわりたい。暑い夏、白いレースの日傘の下で、そっと額の汗を押さえる……そんなしぐさは、日本女性ならではの奥ゆかしい美しさを感じるからだ。

できれば白麻にイニシャルの入ったものや、スワトー刺繍のものが理想。麻は丈夫で長持ちし、酸素系漂白剤をうまく使って白さを戻し、アイロンをかければとても長く使うことができる。さらに刺繍が施されていれば、丈夫さは一生もの。スワトー刺繍はいまや大変高価になってしまい、質のいい物も手に入りにくいが、手入れをしながら丁寧に使えば、アンティークレースやジュエリーと同様に、次の世代へと伝えていくことができる。

誰に見せるものではないが、だからこそ、ハンカチーフは心の贅沢。

ショルダーバッグは斜め掛け

ちょっとコンサバ感のあるショルダーバッグや、ハンドバッグに長い持ち手をつけて、斜め掛けする。重さも軽減されるし、両手が空くし、リズム感が出て可愛らしい。

ネイビーのピーコートにデニム。首元にブルーのマフラーを巻き、ベルベットのローファーにアクセントはパープルのタイツ。グレイッシュなハンドバッグを短めに斜め掛け。これはブログに掲載されたリンダ・V・ライトさんのスタイル。ごくオーソドックスなピーコートのトラッドスタイルだが、斜め掛けバッグのおかげで、大人の可愛らしさや茶目っ気を感じさせる。

コツはストラップを短めにし、胸の下くらいの位置に掛けること。長いと間延びして見えるので、バッグによって長さを鏡でよく調整して。

レインブーツをやめる

雨の朝、いつものようにレインブーツを取り出そうとして、もう履きたくないと思った。真冬はともかく、蒸れるし、むくむし、着脱が大変な上、決して歩きやすくない。天気予報に反して晴れてきたときの鬱陶《うっとう》しさもいや。デニムをブーツインも、もうしたくない。

脛《すね》まで濡れそうな大雨の日はサイドゴアブーツ型のレインシューズを履くが、普通の靴に見える雨の日靴はないか、と探してみると、ローファータイプやバレエシューズといった履きやすいものが結構ある。雨の日を明るくしてくれる白や赤などの色もうれしい。

雨の日も上機嫌でいられるおしゃれは、大人の備えだ。

ブランドバッグは
サブバッグと二個持ちで

もしあなたが、ペルーの田舎の雑貨店で見つけた好きな巾着袋と同じ気持ちでブランドバッグを持つのなら、それは素敵なことかもしれない。

でも、ブランドだから持つ、というなら、あなたらしさを加えるサブバッグを一緒に二個持ちすることをおすすめしたい。

時代はもう一点豪華主義ではないし、多かれ少なかれブランドのバッグは、マーケティングの伝統と才能とを結集して、もっともマスなところへ打ち込んでくる鉄壁のアイコン商品だからだ。どんなに自分らしく持とうとしても、敵《かな》わない。持った途端にあなたの名は消え、「○○を持った人」だけが残る。ジェーン・バーキンやグレース・ケリーでもない限り、ブランドという計算され尽くした個性の前に、ひとの個性は太刀打《たちう》ちできないのだ。

だから、サブバッグで、可愛く自分らしさの方に引き寄せてみよう。色のきれいな布のトートバッグや編み物のポシェット、スポーツブランドの飾り気のないトート、そして籠などと組み合わせて、カジュアルに。

ブランドバッグを、おもちゃで遊ぶ子どものように楽しく扱えれば、おしゃれの幅がひとつ広がる。

老いの盲点、肘と足首

ふと目に入る後ろ姿、あなたの肘は大丈夫だろうか。

肘の皺は、ある年齢を過ぎると、確実にたるみ、黒ずんでくる。後ろ姿で年齢がわかってしまうのは、姿勢や背中の丸み以前に、肘の老化で一目瞭然なのだ。

もうひとつ、くるぶしの皮膚のたるみも自分ではなかなか気がつかない盲点。身体の小さなでっぱりは、加齢とともに乾燥して、象のように硬くなってくる。ボディスクラブでよくマッサージし、そのあと保湿。毎日のお手入れどきに顔に塗った乳液やクリームも、余ったその手で肘に膝にくるぶしに。出がけに鏡に映る足首も、よくチェックしよう。

清潔感は艶から生まれる

大人の清潔感は艶から生まれる。肌、髪、爪、唇の艶。光を与えるアクセサリー、履きこまれ、しっとりと磨かれた靴——。

髪は熱を与えると艶が出るので、鏝《こて》で巻いてみる。一束にまとめる場合はオイルで艶を後付けして。ちなみに、髪に艶がないとき、シャンプー量が多い、流しが足りない、洗う頻度が多すぎる、の三つの原因が考えられるそうだ。一回のシャンプーの量を半分にし、水で薄めて使うと艶が戻るときもある。

爪を含めた手足の肌には、ローションをつけてマッサージ。爪には専用オイルを擦り込んで。足、特に足首周りの皮膚は厚くなり、くすんでいく。ここがすっきり艶やかでないと、サンダルを履いたときに思いがけず老いを見せてしまうことになるのでご注意を。

手首、足首、そして首は、ケアをしてしすぎることはない。清潔感と艶はすべての基本。ここだけはわたしたちの踏ん張りどころだ。

耳を見れば年齢がわかる

耳を見れば年齢がわかる、と言ったエステティシャンがいる。どんなにお化粧しても、お直ししても、耳だけは変えられない、だからいつもお手入れして、やわらかくしておかなければ、と。

以来、洗顔フォームから化粧水、美容液、クリーム、パック剤まで耳にも忘れず塗り、ときにはマッサージをして、手をかけるようになった。

仕事で出会ったヘアメイクの方には、メイクの前にまず頭皮マッサージ、と教えられた。顔の皮膚を上げるのに、顔だけいじっていてもだめ、頭皮から引き上げてマッサージすると、メイクの仕上がりが違うのだと言う。限られた予算内でなにかするなら、フェイシャルよりヘッドマッサージに行くべき、と彼は言う。肩甲骨から肩、首の後ろ、そして頭皮をよくマッサージすることで血流がよくなり、顔が上がる。眉の位置も変わり、また、軽い便秘なら治ってしまう。

首の前側はリンパが流れ、筋肉は舌や喉の動きと関わっている。嚥《えん》下《げ》困難や滑舌が悪くなる、といった老化現象を予防するためにも、毎日、よく観察し、そっと触れて。

シンプルな塩美容

美容用のヒマラヤ岩塩を使っている。細かいパウダー状のピンク色の塩を小指の先ほど掌《てのひら》に取り、そこに好きな化粧水を注いで溶かし、もう一方の指先で、掌の上の塩の液を顔に伸ばしていく。そんな原始的なやり方だが、硫黄《いおう》の香りに、元気が出る。肌は心なしかもっちりと整い、美白され、真冬以外はクリームや美容液を大量に塗る必要がなくなった。

塩風呂で温まり、自分で調合する塩ウォーターで肌を整える。混ざり気のないごく単純な塩美容、このシンプルさが気に入っている。

颯爽と歩くために丹田を意識

美しく歩く方法は、脚で漕がず、丹田が移動する、と意識するといい。

脚で漕いでいると、上体が後ろに残ってしまい、脚だけが前に出る格好になる。加齢によって筋肉の力が落ちてくると、身体はこの姿勢でバランスを取ろうとして、がに股になり、首が前に突き出す。いわゆる老人の姿勢である。これでは大股で歩けないので、転ばないようにしながら、ちょこまかと歩くことになってしまう。

颯爽と歩くために意識するのは脚ではなく、丹田。丹田とは、目には見えないが、お臍《へそ》の少し下の位置にあり、コホンと咳《せき》をしてみたとき、震える場所。そこを重心と考える。

先に脚を出さず、まず丹田を進ませようとしてみる。そう意識すると、自然と上体が上に引き上げられ、これによって後傾していた（尻尾を巻きこんでいた）骨盤が、正しい位置に戻る。

上体を、上から紐で吊られているようなイメージで軽く引き上げ、丹田を前に進ませる。すると、脚がポンと自然に出るはずだ。このとき、背筋がスッと伸び、後ろ足がまっすぐになる。ここから美しい歩き方がスタートする。

ソックスは妥協しないで

かかとから十三〜十五センチの長さをロークルー丈と呼ぶそうだ。この長さだと、足首の出るクロップド丈のパンツにもちょうどよく、ミモレ丈のフレアースカート、長めのタイトスカートにも合わせやすい。

ポイントは、足首の一番細い部分が半分くらい見えること。そして、服とソックスの間に見える肌の分量のバランスをチェック。

肌が見えすぎていると若づくりに、見えなさすぎるともったりしてしまうので、自分のベストバランスを見つけてほしい。素材は、一年を通して薄手の、質のいいものを選びたい。

納得できる夏の白Tシャツを見つける

なぜ白Tを着たいのだろう、この歳になってまでも。それはやはり健やかさの象徴だからだろう。そして、その健やかさをシンプル極まりない方法で表現できるのが、シミひとつない純白のTシャツなのだ。

体形を拾わず、パターンがきれいで、素材もほどほどよく、そして値段も納得できるもの、といった条件で探すと、高級超長綿やシルケット天竺といった、ストレッチが利いて着やすい天然素材のものを見つけることができる。

少しでも黄ばんだり、よれてきたら着たくなくなる贅沢品だが、光と海の似合う白Tはできる限り着続けたい。納得できる一枚を見つける旅はまだ終わらない。

忙しい朝はワントーンで

なにかと忙しい朝、あれこれ組み合わせを考えなくていいワントーンコーディネイトが身を助ける。

グレーの気に入ったパンツがあれば、それを軸にして、明るいライトグレーのシャツ、ロングカーディガン、ショール、グレーパールのイヤリングなどでグラデーションをつくっていく。グレータイツかソックスに黒の靴で仕上げ。

同じことがベージュでもできる。たとえばワンピースとコートという組み合わせで着るなら、その間に挟むショールを明るめにすれば全体のトーンを上げられるし、暗めにすれば引き締まる。

グレーやベージュのような淡彩はグラデーションの美しさが生きるが、濃色のネイビーブルーのコーディネイトも日本人なら誰にでも似合う。トップスを明るい紺色のニットにしたり、ミッドナイトブルーの光沢のあるシルクサテンの大判ストールを巻いたり、メンズっぽいマフラーなどなど、着やすいグラデーションが簡単に出来上がる。

好きな色をひとつ決めて、少しずつ色を揃えて買っておく。いつしか自分流のワントーンコーディネイトが完成する。それを朝、すっぽり身につける。

コツはどこかに白を加えること。襟元からTシャツを少しだけ覗かせてもいい。白は光の役目を果たし、抜け感、清潔感をもたらす。そして色と色とをうまくつないでもくれる。

おしゃれ迷子は靴から再生

いままでの服が似合わないと感じ始めたのは、四十代に入った頃だろうか。そのあとも繰り返し、それは起こった。成長期の子どもが骨の痛みに苦しむことにも似て、停滞することで育まれたり、熟成するものがあるのだと思う。

そうしているうちに、再生のときがやって来る。そのとき、何かひとつピンとくるアイテムを直感的に投入してみる。服でもバッグでもいいが、靴をおすすめしたい。

なぜなら、靴には「趣味」が集約されているからだ。他のものとの組み合わせで生きる服と違い、靴は好みの「種」のようなもの。いま欲しいと思える靴が、次のおしゃれの道筋を示してくれる。

パンプスなのか、ローファーなのか、ハーフブーツなのか、スニーカーなのか。ヒールがあるのかないのか、などなど色や素材の選択肢の中から、いま履きたい靴を選ぶことができたら、それに合う服を考えながら、少しずつ次に進んで行くことができるだろう。

もし、靴が選べないときは、もう少し時間を置いてみて。

毎日、おしゃれじゃなくていい。機が熟せば、必ずや直感が働き、「これ、履きたい！」とわかるものに巡り合える。

ネガティブな気分を撒き散らさないためのアイテムを

良くも悪くも周囲に与える影響が強くなる。立ち居振る舞いや言動、その日にどんな気分でいるのか、といったことから発せられるオーラが、若い頃の三割増しほど濃くなって、周囲に拡散する。それが歳を取る、ということで、よいオーラならひとを幸せにするし、逆にネガティブな気配も周囲にすぐ伝播してしまう。

しかも、この年頃から以降、身体や心の変わり目を迎え、精神が揺れることが多くなる。家族にもいままでなかったことがいろいろ起こってくる。泣きっ面に蜂だが、それが円熟への道なのだと思う。だからいつも、気持ちよく過ごせる工夫をしておこう。

それを嗅げばたちどころに気分が穏やかになる自分だけの香り、いざというときに心が落ち着き、浄化できる石やお守り、アロマエッセンス、肌を優しく包んでくれる手編みのソックスなどなど、自分のために心をこめて揃えておきたい。

試着をあきらめる

ついに試着をあきらめた。

肩が痛いし、慢性の腱鞘炎《けんしょうえん》で指もよく動かない。狭い試着室で、お店の人に待たれながら焦って脱ぎ着をするのが、もう本当につらい。夏は汗びっしょりになり、結局着ないで出てしまう。何とか着たとしても、まだ自分に馴染まない状態の姿を見られるのが恥ずかしい。若い頃より服が自分に馴染むのに時間がかかる。こんなことが起こるなんて、想像すらしていなかった。試着こそが大事と思い、そう書いてもきたが、人生は思い通りにはならないものだ。

試着をしないで買うのだから、自ずとチェックは厳しくなる。まず素材。次に、着脱しやすいデザインかどうか。ファスナーの持ち手の部分が少し長いだけでも助かる。前ボタンが多いもの、伸縮性のないもの、後ろ開きでボタンのものなどはあきらめる。

そして、最後にじっと見る。穴の開くほど見つめて、着たところを想像する。その回数が増すごとに失敗しなくなり、服を手に取っただけで直感が働き、買ってよいかどうかがわかるようになってきた。

脳は損傷すると、別の部位が代替機能を持って働くようになるらしいが、おしゃれも同じだ。あきらめ、手放すと、違う方法がやって来る。いまはそれが面白い。

定年女子の憂鬱に、少女の服

　定年後、何をやっていいのかわからない、ただただ虚しい、からっぽだと感じているなら、少女の頃のことを思い出してみよう。それも、視覚から認識させるために写真を見る。できれば、幼稚園に上がる前の、三歳頃の写真がいい。

　働くということは、概ね男性性を使って生きるということだ。長年、勤め上げたのなら、既婚未婚に拘わらず、ずっと男性性が優位の暮らしをしてきたということ。それが、定年で家にいる＝女性性の暮らしにシフトしたけれど、すぐには上手くバランスが取れないのは当然のことだと思う。

心の奥底で眠っている女性性を発動させるには、少女期に憧れていた服や、よく着ていて大好きだった服をもう一度手にしてみてはどうだろう。どんな服を着ていたかは、写真で一目瞭然だ。

親に禁止されていたピンクを自分に許す、好きだった児童文学の主人公や映画の登場人物の服からヒントを得る、素敵なエプロンスタイルを考えてみる、などなど、自分の中の少女に栄養を与えて、生き生きと目覚めさせて。そうしていくうちに、目標奪取という男性的な感覚がしだいに緩和されていく。

自分らしさを花にたとえる

あるテレビ番組でご一緒させていただいた僧侶の方が、自分らしさについてこうおっしゃった。

仏教では、自分というものはない、それは幻であり、自分は空《くう》である。もし、そのひとらしいと感じさせるものがあるとすれば、それは日常の暮らしの中から、そのひとの周りに立ち上《のぼ》る「香り」のようなものである、と。

確かに、ひとのたたずまいは、暮らす部屋や飾る花、そこに流れている音楽、お茶や食事といったものから立ち上る雰囲気によって醸し出されるように思う。

一方、自分らしさを客観的に分析する方法のひとつが、花にたとえてみること。人間は内面と外見の複雑な組み合わせでできているので、形状のみならず、香りや感触など複雑な要素で構成されている花に自分をたとえると見えてくるものがある。

家族や友人同士で話し合うと、ひとによって見方が違うことがわかり、面白い結果が出るかもしれない。そして花も更新する。そのことで自分の変化も客観的に知ることができるだろう。

品性は心のゆとりから生まれる

装いに社会的ルールがなくなり、季節感すらなくなって、何を着てもいい時代だけれど、大人のおしゃれに決して忘れてはいけないことがある。品性だ。

品性の反対言葉は「さもしさ」だろうか。この言葉からイメージするのは、目が落ち着かず、隠そうとしても不平不満がどこからか滲み出てくる、そんな姿。若いひとのハングリーは許せるけれど、歳を重ねた女のそれは見目よくない。要は、心にゆとりがあるかどうかということだろうか。

ゆとりとは、許せることである。語感も似ているが、ふたつの言葉はつながっている。自分を取り巻くさまざまのことをどれだけ許せるか。許したとき、それが心の平安をもたらし、ゆとりを生む。おだやかな、たっぷりとしたたたずまいを生む。そこに品性が宿る。

若い頃は誰しもこだわりが強く、それに翻弄される。欲も深い。もっとよくなりたいと努力もするが上ばかり見ているから苦しい。けれど、その苦しさの中から、次第に手放すものが見えてくる。ひと様も自分も許すことを知る。すると、愛が満ちてくる。

歳を取ったら、上でも下でもなく水平のまなざしで生きたい。そのまなざしの、熱くも冷たくもない、いわば人生の適温が、大人のおしゃれの気品をつくる。

着ていいのは「華やかな」黒

黒を着て、少しでも顔がくすんで見えるようなら、その黒は着てはいけない。

黒という色は本来、便利な色でも目立たない色でもなく、特別な色。色のすべてを集約した、とてつもなく華やかな色なのだ。特に大人が着る場合、その華やぎをもらえなければ着る意味がない。

華やかな黒は素材から見極める。黒だけは、クオリティのいい素材を選ぼう。レース、カシミア、革、サテン、パテント、ベルベット……黒を生かし、黒ならばこその物語を語っている服や小物に出会ったら、手に取ってみよう。

華やかに見える、とは、顔がパッと明るく、一瞬にして艶やかに変化すること。そして光を放つ黒を背景にして、浮き上がるようにあなたがオーラを放ち始めること。そうなったとき、黒は特別に華やかな色として、ワードローブに還ってくる。

いかつい女になっていませんか？

何事もよくできるひとが、歳を重ねると「いかつい」雰囲気になっていくのはなぜなのだろう。

いかついは「厳つい」と書く。ごつごつしてやわらかみがない、武《ぶ》張《ば》った感じ。女性にはあまり使われない形容詞だ。

イメージは、肩の大きなテーラードジャケットに大股の外股でハイヒールをカツカツいわせて歩くひと。いま、大きな靴音を立てて足早に歩いているひとが多いが、膝のバネの問題なのか、骨盤が硬く突っ張っているのか、はたまた忙しさを強調したいのか、これも現代女性特有のことのように思う。

できる女ができることにこだわり続けるといかつくなってしまうのだろうか。そういうひとと話してみると、案外素顔は可愛らしい心の持ち主だったり、優しく庶民的な性格だったりして、もったいないないなぁと思う。余計なお世話かもしれないけれど。

歳を重ねてまず心したいことは、押し出さないことだ。もう十分、生きてきた歴史が重いのだから、押し出すどころか引くぐらいでちょうどいい。そして「できる」という見えない肩書を手放してみる。

それでも、仕事によっては押し出さざるを得ないときもあるだろう。そんなときは、ファッションの力を借りよう。威厳はあるが威圧感はないおしゃれを。たとえばアメリカ版ヴォーグ誌の編集長、アナ・ウィンターがプリントの膝丈ワンピースやカーディガンや可愛い色の石のネックレスを常用するのもその作戦とみた。きっといい香りの香水もつけているだろう。

できるひとほど爪を隠す。その隠し場所のひとつが、おしゃれなのだ。

トレンドを遠ざけない

トレンドはひと通り知っておきたい。実際に取り入れるときは具体的なアイテムより、襟や袖の形、シルエット、パンツやスカートの丈、素材感や差し色といった部分に。

トレンドアイテムは持っていなくても一向にかまわないが、これら微妙な差異に敏感でいないと、いつの間にかおしゃれから遠ざかってしまうからだ。

トレンドとは、移り変わる儚《はかな》く軽薄なもの、業界から押し付けられるもの、という印象があるかもしれない。が、それはヨーロッパ文化の、たとえば建築や食卓の歴史と同様、人間の宿命的な「積み上げては壊す」習性から成り立っている。大きな河のような時間の流れを俯《ふ》瞰《かん》してみると、繰り返しもあるけれど少しずつ進化してもいる、とても人間的で面白いものなのだ。

ファッションのトレンドは短期間で変わるため、脳が活性化できる。わたし自身、トレンドのものをいまはほとんど買わないが、若者向けの店のウインドーはいつもワクワクするし、気になれば手にとってみたりもする。トレンドは人間の営みと切っても切れない関係があり、時代の気分や世相をいち早く映し出す鏡。人間研究の格好の素材なのだ。

最近はインスタグラムやピンタレストなどSNSでリアルタイム、リアルクローズの写真を見ることができる。お気に入りの写真を集めてスマホに保存しておくこともでき、それを眺めるのもまた楽しい。

「可愛いおばあちゃん」にならなくていい

縁側で猫と一緒にこっくりこっくり、丸い背中に皺だらけの笑顔——こんな老女が、いわゆる可愛いおばあちゃん、のイメージだとすれば、もうそんなひとは実際少ないのではないだろうか。なぜ日本人は老人に可愛さを求めるのだろう。失礼ではないのか。それとも老いては子に従い、ペットのように可愛がられる存在でいてほしい、ということだろうか。

可愛いおばあちゃんではなく、格好いいおばあちゃんを目指したい。歳を重ねると、いろいろ余分なものが削ぎ落されてくる。その分、自然体で楽になると同時に、以前より見えるものも多くなる。欲に目がくらんでいたときには見えなかったものが見え、視野が広がる。なにかを伝えるときも、若い頃のように食い下がったりはしない。肩の力がいい具合に抜け、風が細胞のひとつひとつを吹き通る。歳を重ねても、すっくとひとり、軽やかに立っていたい。

格好いいおばあちゃんは、身軽で自由な生き方の象徴だ。生きてきた歴史を智恵に替えて歩き続ける旅人だ。

生命力の強さが個性そのものをかたちづくる、そんなおばあちゃんになれたらいいな。

プロに任せる

若い頃に比べて、手をかけなければならないことが格段に多い。美容から食事まで、気を抜くと坂道を転がり落ちるように老化していく。かと言って、それを食い止めるため必死になるのも、何だか痛い。ならば、自分でやることと外注に出すことを分けてみてはどうか、と思った。

髪と爪はプロに任せる。そのかわりマッサージやプチエステ的なことは自分で。筋トレや日々の体操も基本的には自分で行なう。

おしゃれにはよきアドバイザーがいるといい。この歳になると、家族さえ辛口の批評はしてくれない。気に入ったお店の店主や販売員で、気軽にアドバイスをもらえるひとは大切にしたい。親しくなれば、店頭に出していないものやこれから入荷するものの情報ももらえるし、セールになれば無駄遣いをせず、必要なものだけを安く買うことができる。

外注してプロの助っ人を頼むことと、やり方を工夫して自分でやること。

それぞれをしっかり分けて、頼んだところは気楽に楽しむ。それが、これからのおしゃれ暮らしのコツなのだと思う。

値段を感じさせない装いをする

これからのおしゃれは「値段を感じさせない」こと。高そうなものを着ているな、とか、安っぽい感じがする、といった印象を与えず、着ているものの価格的なクオリティに目をいかせないこと。それがおしゃれの健やかさのバロメーターでもあるからだ。

Tシャツ一枚にも、身につけたとき、微妙に高そうに見えるものと安っぽく見えるものがある。その微差を見分け、中間のクオリティのものを選び取る。安ものはいやだが、必要以上に高そうに見えるものもまた、バランスが悪い。この見極めには時間がかかるが、等身大の価格帯を見つけることは、自分らしいバランスの確立につながっていく。

　値段を感じさせない装いのひとには、穏やかな落ち着きがある。背景に、そのひとなりの知的なおしゃれ個人史が透けて見えるからだろう。

［著者紹介］

光野 桃（みつの・もも）

東京都生まれ。小池一子氏に師事した後、
女性誌編集者を経て、文筆活動をはじめる。
１９９４年、デビュー作『おしゃれの視線』がベストセラーに。
以後、ファッション、自然、身体を通して女の人生哲学を描く。
主な著書に『おしゃれのベーシック』『実りの庭』（文藝春秋）、
『あなたは欠けた月ではない』（文化出版局）、
『森へ行く日』（山と溪谷社）、
『おしゃれの幸福論』『自由を着る』（ＫＡＤＯＫＡＷＡ）、
『感じるからだ』（だいわ文庫）がある。
http://mitsuno-momo.jp
instagram @mitsuno.momo

白いシャツは、白髪になるまで待って

2018年5月25日　第1刷発行

著　者　光野桃

発行者　見城徹
発行所　株式会社　幻冬舎
〒151-0051　東京都渋谷区千駄ヶ谷4-9-7
電話　03（5411）6211（編集）
03（5411）6222（営業）
振替00120-8-767643
印刷・製本所　中央精版印刷株式会社
ブックデザイン　水戸部　功

検印廃止
万一、落丁乱丁のある場合は送料小社負担でお取替致します。小社宛にお送り下さい。
本書の一部あるいは全部を無断で複写複製することは、法律で認められた場合を除き、
著作権の侵害となります。定価はカバーに表示してあります。
©MOMO MITSUNO, GENTOSHA 2018　Printed in Japan
ISBN978-4-344-03297-2 C0095
幻冬舎ホームページアドレス　http://www.gentosha.co.jp/
この本に関するご意見・ご感想をメールでお寄せいただく場合は、
comment@gentosha.co.jpまで。